Dario Fischer

Absatztheorie

Skript und Klausurvorbereitung

GRIN Verlag

Bibliografische Information der Deutschen Nationalbibliothek:

Die Deutsche Bibliothek verzeichnet diese Publikation in der Deutschen National-
bibliografie; detaillierte bibliografische Daten sind im Internet über http://dnb.d-
nb.de/ abrufbar.

Impressum:

Copyright © 2013 GRIN Verlag GmbH
Druck und Bindung: Books on Demand GmbH, Norderstedt Germany
ISBN: 978-3-656-73679-0

Dieses Buch bei GRIN:

http://www.grin.com/de/e-book/280198/absatztheorie

GRIN - Your knowledge has value

Der GRIN Verlag publiziert seit 1998 wissenschaftliche Arbeiten von Studenten, Hochschullehrern und anderen Akademikern als eBook und gedrucktes Buch. Die Verlagswebsite www.grin.com ist die ideale Plattform zur Veröffentlichung von Hausarbeiten, Abschlussarbeiten, wissenschaftlichen Aufsätzen, Dissertationen und Fachbüchern.

Besuchen Sie uns im Internet:

http://www.grin.com/

http://www.facebook.com/grincom

http://www.twitter.com/grin_com

Zusammenfassung Absatztheorie

1) Die Marktteilnehmer und ihre Beziehungen

1.1) Arten von Beziehungsstrukturen

Paradigma der Interaktionen von Marktteilnehmern
Rahmenbedingungen:

- Trennung von Produktion und Konsum: Anbieter/ Nachfrager (Produzenten/ Handel/ Konsumenten)
- Tatbestand der Arbeitsteilung im Wertschöpfungsprozess: Zusammenarbeit der Akteure auf verschiedenen Wertschöpfungsstufen
- Tatbestand der Knappheit: Verteilungsproblem um die knappen Ressourcen

Prinzipielle Verhaltensweisen in ökonomischen Beziehungen

Gegenüber sich selbst:
a) egoistisch: jeder Marktteilnehmer ist bestrebt aus Interaktionen heraus möglichst hohen Erfolg zu erzielen → sich besser stellen
b) altruistisch: bereit sich selber schlechter zu stellen; Nachteile in Kauf nehmen; Bereitschaft eine Interaktion zu erhalten auch mit der Befürchtung Nachteile zu erfahren

Gegenüber anderen:
a) kompetitiv (konkurrenzorientiert): dem Partner wird in der Beziehung geschadet, er kann seine Ziele nicht vollständig verfolgen → Hersteller/ Handel kann durch Stellung hohen Preis durchsetzen
b) kooperativ: Partner kann sich durch Interaktion verbessern → Produktionsprozesse aufeinander abstimmen und so z.B. Lagerkosten minimieren → kostengünstiger anbieten können als andere → efficient customer response (ECR): Ziel der Kooperation zwischen Industrie und Handel: effiziente Reaktion auf Kundennachfrage erreichen (stärker kundenorientierte Ausgestaltung des Handelssortiments und der Herstellerprodukte; effizientere Abwicklung der Waren- und Informationswirtschaft zwischen Handel und Hersteller)

Intensität von Konkurrenz und Kooperation:
1) Altruismus: „Ich helfe dir, auch wenn ich mich schädige"
2) Tausch: „Ich helfe dir, wenn es mir nützt"; egoistische Kooperation: coopetition = competition + cooperation (Kooperation wird in erster Linie eingegangen, um eigene Vorteile zu erreichen)
3) Unabhängigkeit: „Ich helfe dir nicht, ich schädige dich nicht"
4) Wettbewerb: „Ich schädige dich, wenn es mir nutzt"
5) Kampf: „Ich schädige dich, auch wenn ich mich schädige"

Informationen in ökonomischen Beziehungen
Moderatorfunktion:

- Technische Durchführung von TA[1] (benötigt Informationen)
- Informationsasymmetrien
  - opportunistisches Verhalten
  - Vorteile/ Nachteile im Wettbewerb mit Konkurrenten

---

[1] TA = Abkürzung für Transaktion(en)

- Informationsdefizite
  - Signalling
  - Informationssuche
  - Sicherheiten/ Verträge
  → Transaktionskosten

Ökonomische Macht: Sanktionsmöglichkeiten um andere Marktteilnehmer zu gewünschtem Verhalten zu veranlassen

Konflikte zwischen Marktakteuren
a) Verteilungskonflikte
b) Rollenkonflikte (Rollen müssen ausgefochten werden)
c) Machtkonflikte (asymmetrische Machtverteilung → zu Verhalten gezwungen)
d) Informationskonflikte
   - Informationsasymmetrien
   - Interpretation/ Bewertung von Informationen

1.2) Marketingrelevante Verteilungsprobleme

Verteilungsprobleme der Marktteilnehmer

a) (unter Nachfragern) Verkäufermarkt:
- Konkurrenz wegen knappem Güterangebot (Kriterien: Zahlungsbereitschaft, Beziehung zum Produzenten)
b) (unter Anbietern) Käufermarkt:
- Klassische Konkurrenz um Kaufkraft der Nachfrager (Kriterien: Einstellung auf Nachfrager, Brechen Marktwiderstand)
c) (zwischen Anbieter und Nachfrager) Aufteilung des Wohlfahrtgewinns
   Aufteilungsregeln:
   1) ökonomische Regel: Aufteilung ist das Ergebnis der Marktkräfte und des Verhandlungsgeschicks (Besserer/ Stärkerer soll mehr bekommen)
   2) Karl Marx: jeder gebe nach seinen Möglichkeiten, jeder erhalte nach seinem Bedarf
   3) Gleichheitsregel: jeder erhält gleichen Anteil (PR=KR)
   4) Aristoteles: Anteile verhalten sich proportional zur Höhe der Inputleistungen

$$\frac{PR \ (Anteil \ Anbieters)}{Prod.kosten(Inputleistung \ Anbieter)} = \frac{KR \ (Anteil \ Nachfrager)}{Verkaufspreis(Inputleistung \ Nachfrager)}$$

   (PR= Verkaufspreis: Produktionskosten; KR= max. Zahlungsbereitschaft: Verkaufspreis)
   5) Losregel: Zufall entscheidet, wer alles erhält
d) (innerhalb Wertschöpfungsprozess) Aufteilung der Produzentenrente: zwischen Akteuren, die im arbeitsteiligen Prozess ein Produkt erstellen

Wertschöpfungsorganisation: beinhaltet das Zusammenspiel aller Akteure, die Anteil an der Produktion und Distribution eines Produkts haben (Menge aller betrieblichen Wertketten und Aktivitäten)
Arten:
1) integrierte Wertschöpfungspartner: (vertikal integriertes) Unternehmen steuert Großteil der wertschöpfenden Aktivitäten zentral, indem es Wertschöpfungsschritte selbst durchführt oder bei Fremdbezug den Zulieferer kontrollieren (z.B. durch Ausübung hierarchischer Macht) → Zulieferer ist nur „verlängerte Werkbank", da er rechtlich oder wirtschaftlich abhängig ist und sich dem „Produktionsdiktat" beugen muss

2) desintegrierte (modulare) Wertschöpfungsorganisation: Akteure nehmen als rechtlich und
wirtschaftlich selbständige Akteure am Wertschöpfungsprozess teil → gestalten in
Eigenverantwortung und autonom ihre betrieblichen Wertketten und TAbedingungen

1.3) Kosten von Markttransaktionen

1) ex-ante TAkosten
   a) Suchkosten: Kosten, um einen Anbieter zu finden (Nachfragersicht) oder um Marktforschung zu
   betreiben (Anbietersicht)
   b) Informationskosten (Signalling costs): Nachfrager über Produktleistung zu informieren →
   Werbung (für Anbieter)/ Vergleiche von Anbietern, Informationen über Anbieter einholen (für
   Nachfrager)
   c) Absicherungskosten: gegenüber Risiken; Kosten für Signalling, um Partner zu zeigen, dass man
   sich nicht opportunistisch verhalten will → Reputation

2) ex-post TAkosten
   a) Kontrollkosten
   b) Kontraktvollstreckungskosten
   c) Beendigungskosten: alle Kosten, die gezahlt werden müssen, wenn eine TA vorzeitig beendet
   wird (z.b. Schadenersatz (→ Konventionalstrafen) bei Nicht-Leistung)
   d) Agency Costs (Kosten für Prinzipal, da der Agent seine Verhaltensspielräume für
   opportunistisches Verhalten ausnutzt
   Arten:
   i)monitoring costs: Kontrollkosten; überprüfen, ob Partner seine Leistungsverpflichtungen
   ordnungsgemäß erfüllt
   ii) Kontraktierungskosten: durchsetzen der eigenen Leistungsansprüche aus dem Vertrag (z.b.
   Gerichts-, Anwaltskosten)
   iii) signalling costs: Reputationswerbung, freiwillige Selbstbindungen (z.b. Garantien)
   e) Opportunismuskosten für eine nicht mehr mögliche strategische Position
   A hat z.b. besonderen technischen Standard, den B in der TA übernimmt; für die nächste TA hat A
   keinen Vorsprung mehr

3) räumliche Divergenzkosten: gekauftes Produkt muss physisch an seinen vorbestimmten Platz
   gebracht werden

4) zeitliche Divergenzkosten: Kauf und Konsum fallen zeitlich auseinander → Lagerungskosten

Lösungsansätze zur Reduzierung von TAkosten von Hersteller und Nachfrager

   a) Intelligentere (effizientere) Organisation der TAprozesse
      Einsparung unnötiger TAkosten, z.B. intelligentere Gestaltung des Internetauftritts eines
      Unternehmens
   b) Einschalten von Absatzmittlern: andere Ausgestaltung der TA
   c) Nutzung der Erfahrung in Geschäftsbeziehungen

1.4) Funktionen des Handels

1) physische Distribution:

   - Räumliche Überbrückungsfunktion: Transport der Produkte zwischen Hersteller + Handel
   - Zeitliche Überbrückungsfunktion: saisonale Produkte, aber nicht saisonaler Konsum
     (Konsumvorteile durch Lagerung)

- Quantitative Überbrückungsfunktion: Baligh-Richartz-Konzept: Kontakte ohne Handel= m(Nachfrager)*n(Anbieter); Kontakte mit Handel= m+n

2) Sortimentsgestaltung

- Produktzusammenstellung (Bereitstellung von Alternativen): kann größeres Angebot an Produkten anbieten als Nachfrager selbst durch direkten Anbieterkontakt zusammenstellen könnte
- Bereitstellung von komplementären Angeboten: Nachfrager will „Konsumproblem" lösen und nicht nur 1 Produkt kaufen („one stop shopping" → alles in einem Einkaufsgang)

3) Informationsbeschaffung

- Bedarfsermittlung, Marktinformation: Handel hat unmittelbaren Kundenkontakt und kann flächendeckend das Einkaufsverhalten analysieren und Herstellern zur Verfügung stellen
- Werbefunktion: direkte Kommunikation zwischen Hersteller und Nachfrager → Handel= „Dolmetscher"
- Kommunikation/ Beratung: eigene Kundenberatungsabteilung würde sich für Hersteller nicht lohnen wegen zu geringer Kundenanzahl, für Handel möglich, da er mehr Kunden hat; Kunden sehen Handel als neutraleren Berater

4) finanzielle TA

- Inkasso: Handel sammelt viele kleine Käufe → größere finanzielle Ströme
- Kreditfunktion (Vorfinanzierung): Hersteller wird vom Handel bezahlt bevor Produkte von Nachfragern gekauft werden

5) Verbunddienstleistungen:

- Garantien, Reparaturdienst, Umtausch: werden vom Handel für Herstellerprodukte angeboten
- Entertainment
- Soziale Kontakte

Wertschöpfung des Handels

1) Matching: Verkaufsgespräche (Handel kann Nachfragerwünsche und Produktangebot besser in Einklang bringen)
2) Aggregation: physische Distribution, Sortimentsgestaltung
3) Facilitation: Erleichterung des Einkaufs, physische Distributionsfunktion
4) Riskreduction: Risikoreduzierung
5) Services: Verbunddienstleistungen, die der Handel zusätzlich offerieren kann

Neuere Klassifizierung von Handelsfunktionen aus Nachfragersicht

1) Beratung/ Information
2) Verfügbarkeit von Waren/ Dienstleistungen
   - Auswahl an Alternativen
   - Sortimentszusammenstellung (Problemlösung)
   → qualitative Überbrückungsfunktion
3) Risikoreduzierung (Handel kann sich nicht erlauben schlechte Produkte anzubieten, da er sonst seine aufgebaute Reputation verliert)
   - Screening des Herstellerangebots: Handel hat bessere Marktkenntnis als Nachfrager; kann hidden characteristics besser entdecken und ist besser vor hidden actions geschützt
   - Haftungsübernahme (Handel ist Ansprechpartner für SE-Ansprüche bei Produktschäden)

4) Entertainment
5) Verbunddienstleistungen

Determinanten für TAkostensenkung durch Handel

1) Spezifität der Erzeugnisse: geringe Spezifität (=hohe Standardisierung) führt zu mehr Nachfragern; hoch spezifische Produkte haben hohe Lagerdauer und somit Kosten (→ unbeliebt bei Handel)
2) Zahl der Anbieter: je größer, desto eher kommt der Baligh-Richartz-Effekt zum Tragen
3) Räumlich/ zeitliche Divergenz: je größer Divergenz, desto mehr Überbrückungsfunktion notwendig
4) Kommunikationsbarrieren Hersteller – Nachfrager: Risikoreduktion, Informationstransformationsfunktion
5) Verbundnachfrage: Entertainment, soziale Kontakte, Garantieleistungen
6) Wert der Produkteinheit: je spezifischer ein Produkt, desto höher dessen Wert

2) Relationship-Marketing und Customer Relationship Management

2.1) Transaktionstypen zwischen Hersteller und Abnehmer

TAtypen beschreiben Vermarktungssituationen von Produkten, die mit spezifischen Rahmenbedingungen, Macht-, Informations-, Rollenbeziehungen und Zielsetzungen der TApartner sowie Marketing- oder Organisationskonzepten im Vertrieb verbunden sind

Arten von Koordinationsmechanismen (2x)

1) Marktmechanismen
   - Preismechanismus (Marktpreise)
   - Selbständigkeit der Akteure (wirtschaftlich und juristisch)
2) Kooperation (geregelte Zusammenarbeit auf freiwilliger Basis)
   - gemeinsames leistungswirtschaftliches Sachziel
   - Zusammenlegung von Ressourcen zur Erzielung von Synergien und zur stärkeren Spezialisierung
   - freiwillige Einschränkung der eigenen Entscheidungsfreiheit und des Marktpreismechanismus
   - Akzeptanz wechselseitiger Abhängigkeiten
   - Akzeptanz von Vorleistungen
3) Hierarchie (innerhalb eines Konzerns)
   - Koordination durch einheitliche Leitung mit bindenden Anweisungen
   - interne Verrechnungspreise
   - Machtgefälle: untergeordneter Akteur verliert Entscheidungsfreiheit

Transaction Orientierung: Merkmale

1) Buying (Nachfrager)
   - Kunden treffen Kaufentscheidung von Fall zu Fall; neu: vorangegangene Markttransaktionen haben keinen Einfluss auf bestehende TA (→ keine Lerneffekte bei Nachfrager)
   -Variety Seeking als Verhaltensmotiv (gekennzeichnet durch Wunsch nach Abwechslung)
   - EinzelTA aufgrund des spezifischen Produktbedarfs (kein Wiederholungskäufe)

2) Selling (Anbieter)
- einzelne TA steht im Vordergrund (Episode) ohne Berücksichtigung von Carry-Over-Effekten (=Effekte, die über einzelne TA hinausgehen, z.b. Reputation)
- one-shot-Marketing (charakteristisch für Konsumgütermarketing, hit&run-Denken)

Relationship Orientierung: Merkmale

1) Buying
- Nachfrager zeigen ausgeprägtes Bindungsverhalten gegenüber Elementen der Anbieterseite (Wiederholungskäufe)
a) Markentreue
b) Lieferanten-/ Geschäftsstättentreue
c) Personentreue
d) System-/ Technologietreue
- vorangegangene MarktTA haben Einfluss auf bevorstehende TA (Spill-over-Effekt)
2) Selling
-Anbieter hat Interesse am Wiederholungskauf seiner Kunden
- Aufbau von Kundenbindung
- kein hit&run-Denken
- TA wird nicht mehr episodenhaft, sondern ganzheitlich über längeren Zeitraum gesehen
- Investition in Geschäftsbeziehung

Mismatch von Buying und Selling

- Transaction Buying (Nachfrager) und Relationship Selling (Anbieter):
  Effizienzverluste des Marketingeinsatzes: Kunde wünscht keine Bindung, aber Anbieter führt Kundenbindungsmaßnahmen durch
  Vergeudete Ressourcen: Investition in Kundenbindung zeigt keine höhere Rendite als Transaction Selling
- Relationship Buying (Nachfrager) und Transaction Selling(Anbieter):
  Effektivitätsverluste: Kunde wünscht Bindung, aber Anbieter „antwortet" mit episodenhaftem Denken
  Marketing ist nicht effektiv und lässt sich Gewinnpotential entgehen

Transaktionstypen zwischen Hersteller und Abnehmer

1) Fokus Einzelkunde (Kundenproduktion): Produktion erst, wenn TA zustande gekommen ist
   (→ es kann nur Leistungsversprechen vermarktet werden; Spence-Signale wichtig)
   a) Projektmarketing: Projekte sind hochspezifisch und individuell, nur seltene Nachfrage
   b) Key Account Marketing: Vertriebskonzept bezieht sich auf Schlüsselkunden, aber mit Denken des Wiederkaufs
2) Fokus Marktsegment (Produktion für fremden Bedarf): Orientierung an Durchschnittsbedarf
   → Marktproduktion (erst Produktion, dann peu á peu Abverkauf); Produkt physisch schon erstellt, kann vom Nachfrager begutachtet werden
   a) Transaction Marketing: one shot marketing; hit&run-Denken
   b) Brand Management: Aufbau einer Beziehung zwischen Nachfrager und Marke → direkte Geschäftsbeziehung zwischen Hersteller und Nachfrager aufgrund von Anonymität, Distanz und Zwischenschaltung des Handel nicht möglich
   c) Relationship-Marketing: beide TApartner sind an Bindung interessiert

2.2) Denkphilosophie des Relationship Marketings

a) Längerfristige Geschäftsbeziehung:
  - Denken in Problemlösungen
  Ansatzpunkte:
  1) Produktangebote für zeitlich/ situativ wechselnden Bedarf des Kunden
  2) kundenspezifische Angebote aufgrund einer Analyse der Kaufgeschichte: one2one-Marketing
  3) Angebot komplementärer Produkte
  4) system selling
  - keine kurzfristige Maximierung der Produzentenrente
  - Bereitschaft zu spezifischen Investitionen
  Investition= Inkaufnehmen eines sicheren Nachteils in der Erwartung eines unsicheren zukünftigen Vorteils; nicht reversibel (=rückgängig machbar) oder wiederverwendbar → sunk costs, Schutz: Investitionsersatzanspruch/ Ausgleichsansprüche (nur bei „drittbestimmten" Investitionen nachträglich einklagbar
  Arten von spezifischen Investitionen:
  #1 Inkaufnahme ungeplanter/ ungedeckter Mehrkosten (z.B. Kulanz, Gefälligkeiten)
  #2 Kosten der direkten Beziehungspflege
  #3 Verzicht auf vollständige Ausnutzung des preispolitischen Spielraums (z.B. Rabattgewährung)
  #4 Faktorspezifität: Standort (Zulieferer errichtet Produktionsstätte in der Nähe des Abnehmers), Humankapital (spezifische Fähigkeiten/ Kenntnisse bei Mitarbeitern Aufgebaut), Sachkapital
  - Aufbau von Bindungen
b) Interaktive Geschäftsbeziehung
  Ansatzpunkte: dialogorientierte Beziehungsqualität
  #1 Beschwerdemanagement
  #2 institutionalisierte Kundenbetreuungs-/ Kundenkontaktprogramme
    - regelmäßige Kundenansprache
    - Überbrückung langer Kontaktpausen nach TA
    - institutionalisierte Kundenansprache zu festen Zeitpunkten der TA
    - spezifischer Informationsbedarf des Kunden im Rahmen der Produktnutzung
    - Herausfiltern eines (vermuteten) Informationsbedarfs aus der Kundendatenbank
  #3 Einbindung der Kunden in Innovationsprojekte oder gemeinsame Erarbeitung von Problemlösungen
    → Arten von Kundenclubs
    - VIP-Club (exklusive Zusatz- und Serviceleistungen, Förderung eines elitären Kreises → Commitment)
    - Fan-Club (emotionale Bindung an Marke/ Unternehmen, partnerschaftliches Denken)
    - Product-Interest-Club (gegenseitiger Erfahrungsaustausch der Nutzer)
    - Kundenvorteils-Club (Gewährung von finanziellen Anreizen, Erhöhung der Kauffrequenz der Mitglieder (z.B. Kundenkarten))
c) Hervorhebung von personenbezogenen Aspekten
d) Spezifisches institutionales Arrangement bei relationalen Verträgen
  1) Charakteristik relationaler Verträge:
    - es lassen sich nicht alle Eventualitäten ex-ante vertraglich festlegen
    - Vertrag ist immer ein mehr oder weniger weiter Mantel bzw. Rahmen mit Lücken
    - asymmetrischer Informationsstand über zukünftige Entwicklung
    - Gefahr von opportunistischem Verhalten

2) Lösungsmöglichkeiten bei relationalen Verträgen:
   - Streben nach möglichst vollständigen Verträgen
   - gerichtliche Lösungen
   - explizite Nachverhandlungen
   - implizite Verträge (Lösungsprinzipien werden festgelegt; keine spezifische Lösung)
   - Setzen von incentives (Vermeidung von opportunistischem Verhalten)
     #1: langfristige Verträge
     #2: Selbstverpflichtungen (z.B. Garantieleistungen)
     #3: Reputation/ Commitment
     #4: reziproker Altruismus (Tit-for-Tat-Strategie)
   e) Gezielte Auswahl von TApartnern

Selektives Relationship Marketing: Allokation der Marketingressourcen orientiert sich am Kundenpotential. Je höher das vermutete Kundenpotential, desto höher ist die Beziehungsintensität ausgeprägt.

Attraktivität eines Kunden (customer equity: ökonomischer Wert eines Kunden)

a) Transaktionspotential:
- Basisvolumen: Absatz, Umsatz, Deckungsbeiträge, die auch in Zukunft erwartet werden können
- Intensivierungspotential: zu erwartende Erhöhung des Basisvolumens durch Erhöhung der Wiederkaufsrate
- Cross-Selling-Potential: kauft weitere Produkte (Zusatzprodukte) aus Sortiment
- Up-Grading-Potential: Erwerb höherwertiger Produkte
- Sinkende Preissensibilität: bessere Möglichkeit zur Preiserhöhung ohne dass Kunde abspringt
- Kostensenkungspotential: Kunde ist umso attraktiver, je besser er geeignet ist gemeinsam TAkosten einzusparen
b) Relationspotential:
- Referenzmarketing (gezielter Einsatz von Kundenreferenzen im Marketing):
  Kundenreferenzen beinhalten Kommunikationsformen von Kunden oder anderen Stakeholders, die positiv über ein Unternehmen berichten (=word of mouth) und diese Kommunikationsinhalte sowie Kommunikationswege mit dem Anbieter abgestimmt haben
  1) Ziele:
  - Schaffung von Aufmerksamkeit
  - Aufbau von Reputation/ Image + Signalisierung von Kompetenz/ Vertrauen → Reduzierung des wahrgenommenen Risikos bei potenziellen Kunden

  → Neukundengewinnung

  2) Instrumente:
  #1: Referenzlisten (Liste von anderen Kunden): Broschüren, Webseiten
  #2: Kommunikation von Erfolgsgeschichten mit statements der Kunden: Werbung, Massenkommunikation, Broschüren, Webseiten
  #3: Referenzbesuche: Referenzkunde erlaubt Besuche/ Besichtigungen potenzieller anderer Käufer
  #4: Kundenevents: Präsentation von Referenzprojekten gemeinsam mit Referenzkunden auf Eventveranstaltungen (z.B. Informationstage)

- Informationspotential: Lieferung von Infos (Tipps, Anregungen, Verbesserungsvorschläge) durch Kunden an Beschwerdezentrum → Möglichkeit der Verbesserung

- Kooperationspotential (vgl. Kostensenkungspotential):
  Lead users:
  - deren aktuelle Bedürfnisse sind beispielhaft für zukünftige Entwicklung der Gesamtnachfrage auf einem Markt
  - erwarten einen wesentlichen Nutzen von der Befriedigung eines bestimmten Bedarfs und sind deshalb eher bereit diesbezüglich Daten zur Verfügung zu stellen
  - haben häufig bereits eigene Innovationen im Hinblick auf die Entwicklung von Lösungsmöglichkeiten für ihre Problemstellungen durchgeführt
  - sind so stark an der Problemlösung interessiert, dass sie häufig sogar selbst Prototypen entwickeln
  Kooperation mit Lead User:
  steigende Intensität der Zusammenarbeit:
  - Lead User als Prosumer (producer + consumer): gemeinsame Erarbeitung einer innovativen Problemlösung
  - Lead User als „Versuchsobjekt": Produktinnovationen auf Mängel überprüfen und Anregungen zur Verbesserung
  - Lead User hat neues marktfähiges Produkt erstellt: Hersteller führt „nur noch" mengenmäßige Produktion durch

  - Lead User hat lediglich Produktidee entwickelt: Hersteller muss entscheiden, ob er Idee weiterentwickeln und in marktfähiges Produkt umwandeln will

2.3) Bindung des Kunden als Marketingproblem

Kundenbindungstheorien
Theorieansätze:

1) Soziale Austauschtheorie: Anreiz-Beitragsverhältnis (Person wägt immer ab was investiert werden muss und was sie im Gegenzug erhält)
2) Interaktionsorientierter Ansatz: Hervorhebung von psychologischen/ emotionalen Bindungen (z.B. Zufriedenheit, Commitment)
3) Lerntheorie/ Risikotheorie: verhaltenswissenschaftliche Begründungen (Einstellung, Risikowahrnehmung) → je größer Risikoaversion, desto schneller geht man zu gewohntem Anbieter
4) TAkostentheorie: rationale Kostenkalküle (Akteur wählt TA mit geringsten Kosten → Fokus nur auf Kosten)

Höhe der TAkosten in einer TA

Determinanten:

- Häufigkeit
- Unsicherheit (Risiko)
- Spezifität

Dimensionen der Kundenbindung

Kundenbindung: System von Aktivitäten des Anbieters zur Verbesserung des TAgeschehens (Interaktion und Atmosphäre) auf Grundlage positiver Einstellungen der Kunden und daraus resultierender Bereitschaft zu Folgekäufen

Kundenbindung:

a) Gebundenheit (exogene Einschränkung der Handlungsfreiheit des Kunden) → nicht wechseln können
   1) N sieht fehlende Wechselmöglichkeiten bzw. zu große Wechselbarrieren und bleibt daher treu → resignative Loyalität
   2) Nachfrager nicht mehr von Anbieter überzeugt, kauft jedoch weiterhin bei ihm bis der Vertrag beendet ist und wechselt dann zu neuem Anbieter → Pseudoloyalität
   3) Nachfrager sieht in Wechselbarrieren keinen Nachteil → zustimmende Loyalität
b) Verbundenheit (Nachfrager wollen intrinsische Geschäftsbeziehung nicht aufgeben) → nicht wechseln wollen (freiwillige Wechselbarrieren) → zustimmende Loyalität

Wechselbarrieren:

1) vertraglich: Strafen für Wechsel, z.B. Austrittsgelder um den Vertrag vorzeitig zu beenden
2) technisch: Technik des Anbieters ist nach Wechsel nicht mehr brauchbar, muss daher rausgeschmissen werden → hohe Kosten
3) spezifische Investition: Vorleistungen (z.B. Grundgebühr); sunk costs wenn früher aus Vertrag austreten

Akquisitorisches Potential und freiwillige Wechselbarrieren

- Qualität der Produkte → Gefahr: geringere Bruttonutzenstiftung bei Anbieterwechsel
- Image → Gefahr: geringere Bruttonutzenstiftung bei Anbieterwechsel
- Service → TAkosten, Gefahr: geringere Bruttonutzenstiftung bei Anbieterwechsel
- Vertriebsleistungen → TAkosten
- Reputation → TAkosten, Gefahr: geringere Bruttonutzenstiftung bei Anbieterwechsel
- Nicht rationale Elemente → commitment

Wechselkosten:

Umfassen alles, was der Käufer im Hinblick auf den Wechsel eines „Elements der Anbieterseite" (z.B. Marke, Hersteller, Lieferant) als anstrengend, unangenehm, riskant oder aufwendig empfindet: alle monetären und nicht-monetären Kosten des Wechsels

Arten:

1) Direkte Kosten
2) Sunk costs
3) Opportunitätskosten

$$W_{A/N} = \sum_{t=0}^{T} [(U_{At} - k_{At}) - (U_{Nt} - k_{Nt})] \ (1+i)^{-t} + k_{A/N} + \sum_{t=0}^{T} (I_{Nt} - I_{At}) \ (1+i)^{-t}$$

Erklärung:

- A= alt, N=neu
- W: negatives Vorzeichen → Wechselgewinn; positives Vorzeichen → Wechselkosten
- U= Nutzen der alten/ neuen Anbieter in Periode t
- K = Kosten der alten/ neuen Anbieter in Periode t
- I= spezifische Investition der alten/ neuen Anbieter

<u>Hemmnisse der Selbstverstärkung einer Geschäftsbeziehung</u>

Gründe:

- Wechsel der Technologie
- Wandel der strukturellen Rahmenbedingungen (vertragliche Bindung, die vorher als positiv angesehen wurde, wird jetzt negativ aufgefasst)
- Wandel der Kundenbedürfnisse (customer value)
- Leistungsabfall des Anbieters
- Personenwechsel
- Auftreten von Opportunismus

2.4) Customer Relationship Management (CRM)

Umfasst sämtliche Managementprozesse, die sich auf den Aufbau, Ausbau oder die Reaktivierung von profitablen Kundenbeziehungen unter Einsatz moderner Informations- und Kommunikationssysteme beschäftigen

- Systematische Gestaltung der Kundenbeziehungen in allen Phasen des Kundenlebenszyklus (Aufbau, Ausbau, Reaktivierung der Kundenbeziehung)
- Unterstützung der operativen Marketingmaßnahmen bezogen auf Kundenbeziehungen mit verlässlichen Daten (Customer Intelligence): Einsatz von CRM-Software: Ziel ist, die Aufmerksamkeit in Beziehungen mit hohem Kundenwert zu konzentrieren (Interessen- u. Bindungsmanagement), Gefährdungsphasen in Kundenbeziehung zu identifizieren und effizientes Rückgewinnungsmanagement zu betreiben

<u>Ziele des Relationship Marketing und CRM</u>

Kundenbindung:

1) Größere Verhandlungserfolge:
- „Marketing-Spielraum" (Stammkunden sind toleranter als Laufkunden)
- Geringere Notwendigkeiten von Sicherheiten (z.B. Preisnachlässe)
- Cross-Selling-Potential (Verbindung Sachgüter/ Dienstleistungen)
- Positive word of mouth (WOM)
→ Kostenloser Werbeträger
2) Erhöhung der Beziehungssicherheit
- Obligo als Marktaustrittsbarriere
- Markteintrittsbarrieren
- Absatzsicherheit
→ Ökonomische Motivation des Relationship Marketing
3) Steigerung der Interaktionseffektivität
- Geringere (Marketing-) TAkosten
- Effizientere Abwicklung der TA
4) Datengewinnung über den Kunden

→ Mehr Absatz, höhere Deckungsbeiträge

Kundenbeziehungs-Lebenszyklus

1) Anbahnungsphase: Kunde erkundigt sich nach Einzelheiten des Angebots → noch kein Anschluss
2) Sozialisationsphase: Anbieter und Nachfrager lernen sich kennen
3) Gefährdungsphase: Übertritt in nächste Phase wird gefährdet/ unterbrochen, weil Zweifel auf Nachfragerseite auftreten
4) Wachstumsphase: Nachfrager fragt wiederholt Produktleistungen des Anbieters nach → Erhöhung Konsumquote
5) Gefährdungsphase
6) Reifephase: höchstes Niveau der Beziehung
7) Gefährdungsphase
8) Degenerationsphase: Beziehungsintensität geht zurück, Gefährdungsphase konnte nicht überwunden werden
9) Kündigungsphase: Nachfrager will Beziehung beenden → TA finden noch bis zum Ende der Laufzeit statt
10) Abstinenzphase: keine Beziehung mehr → keine TA, sunk costs
    2 Arten von Kunden:
    a) nie mehr bereit für Beziehung mit Anbieter
    b) evtl. Wunsch des Nachfragers neue Beziehung aufzunehmen nach einiger Zeit
    → Rückgewinnungsmanagement: aktiver Versuch Kunden zurückzugewinnen und neue Beziehung zu starten
11) Revitalisierungsphase: Anbahnungs- und Sozialisationsphase im nächsten Kundenlebenszyklus

Kennziffer zur Bestimmung der Kundenlebenszeit

- Retentionsrate= % der Kunden am Jahresende, die bereits am Jahresanfang Kunden waren
- Abwanderungsquote= 1 – Retentionsrate
- Churn-Quote= Anzahl aller beendeten Kundenbeziehungen in t : Gesamtzahl Kunden am Jahresende
- Halbwertszeit= Länge des Zeitraums, in dem 50% des ursprünglichen Kundenstamms abgewandert sind

Kündigungspräventionsmanagement:

- beschäftigt sich mit Kunden, deren Beziehung zum Anbieter nicht mehr stabil ist; versucht, diese Kundenbeziehungen zu identifizieren und drohende Kündigung zu verhindern
- Anforderung an Marketingmanagement, typische „Bruchstellen" einer Geschäftsbeziehung zu identifizieren bzw. Frühwarnindikatoren hierfür zu finden, um mit gezielten präventiven Maßnahmen der Kündigung zuvorzukommen

Analyse von Kündigungsgründen

Switching-Path-Analyse: Identifizierung/ Untersuchung von critical incidents bzw. Ereignissen, die bei Kundenabwanderungen im Vorfeld typischerweise aufgetreten sind

Abwanderungsgründe:

a) Unternehmensbezogen:
- Fehler im Leistungsangebot
- Fehler in Kundeninteraktion (z.B. Freundlichkeit, Termintreue)

b) Wettbewerbsbezogen:
- Überlegene Konkurrenzangebote
- Direkte Abwerbungsversuche (Werbedruck)
c) Kundenbezogen:
- Gewandelter Bedarf
- Veränderungen in Lebenssituation (z.b. Wohnungswechsel durch Berufswechsel)

Ansätze Kündigungspräventionsstrategien

a) Anreizstrategie
- Gefährdeten Kunden werden kleine Anreize zur Weiterführung der Kundenbeziehung offeriert (z.b. Eventeinladung)
b) Kompensationsstrategie
- Ausgleich finanzieller Verluste der Kunden durch Unternehmensfehler
c) Dialogstrategie
- Aufbau des verloren gegangenen Vertrauens durch direkte Ansprache des Kunden (persönliches Gespräch)
d) Aufbau von Austrittsbarrieren
- Aufbau von Gebundenheit (Problem der Pseudoloyalität)

Erfolg des Kündigungspräventionsmanagements =

Anzahl Kunden, die als abwanderungsgefährdet eingestuft werden und immer noch Kunde sind
Anzahl Kunden, die als abwanderungsgefährdet angesehen werden

→ wie viel % der abwanderungswilligen Kunden konnten gehalten werden?

Ökonomische Überlegungen zum Kündigungspräventionsmanagement

- Das Halten eines abwanderungswilligen Kunden ist oft kostengünstiger als die Gewinnung von Neukunden mit gleicher Profibilität
- Relationspotential eines unzufriedenen (abwanderungswilligen) Kunden ist zu beachten
- Aber: lohnen sich Investitionen in das Halten des Kunden? (dauerhafte oder nur kurzfristige Kundenbindung?)
- Dauerhafte Kündigungsprävention setzt (strategische) Beseitigung der Kündigungsursachen voraus

Revitalisierungsmanagement: eine revitalisierende Geschäftsbeziehung kann auf den (positiven) Erfahrungen im „alten" Kundenlebenszyklus aufbauen; Revitalisierung ist unterschiedlich zur Neukundengewinnung

3) Vertriebsorganisation des Herstellers

3.1) Vertriebskanäle des Herstellers

Marketingkanal:

a) Kommunikationskanal: Kontakt wird zur Vermittlung von Informationen genutzt
b) Vertriebskanal: im Kontakt wird Möglichkeit zum Abschluss einer TA geboten

Channel Cycle: Vertriebskanal

1) Kommunikation: Kommunikationskanal
2) Abschluss von TA: Verkaufs-/ Distributionskanal
3) Service: Servicekanal

Beweggründe für herstellereigene Vertriebsaktivitäten

- keine Absatzmittlerfunktion des Handels (eigene Vertriebsaktivitäten gegenüber Weiterverarbeiter/ Endverbraucher)
- vertikales Marketing (eigene Vertriebsaktivitäten gegenüber Handel/ Weiterverarbeiter/ Endverbraucher)
- höhere Gewinne durch Direktvertrieb (Hersteller in unmittelbarem Kontakt mit Endverbraucher → Ausschaltung/ Umgehung des Handels (=Disintermediation))
- Konflikte zwischen Hersteller und Handel (Hersteller möchte keine Geschäftsbeziehung mehr mit Handel)

Direkter Vertrieb: unmittelbarer Kontakt zwischen Hersteller und Endnachfrager

Indirekter Vertrieb: rechtlich und/ oder wirtschaftlich selbständige Akteure sind in „Absatzkanal" (Distribution) zwischen Hersteller und Endnachfrager eingebunden

Charakterisierung der Vertriebswege des Herstellers

a) Unternehmenseigene Vertriebsorgane (=direkter Vertrieb): rechtlich u. wirtschaftlich unselbständig, Hersteller trägt Absatz- und Preisrisiko der Produkte, aber erfolgsabhängige Entlohnung der Vertriebsmitarbeiter
b) Absatzhelfer (=indirekter Vertrieb): rechtlich selbständig u. wirtschaftlich vom Hersteller abhängig, kein Absatz- u. Preisrisiko
c) Unternehmensgebundener Vertrieb (Vertriebssystem; indirekter Vertrieb): rechtlich selbständig u. wirtschaftlich vom Hersteller abhängig, Absatz- u. Preisrisiko
d) Absatzmittler (Handel; indirekter Vertrieb): rechtlich u. wirtschaftlich selbständig, Absatz- u. Preisrisiko

Vertriebswege des Herstellers

a) Direkter Vertrieb
- Geschäftsführung
- Reisender/ Außendienst
- Vertriebsinnendienst
- Niederlassung
- Fabrikverkauf
- Verkaufsveranstaltungen
- Internet (E-Commerce)
- Sonderformen (ambulanter Handel → Verkauf an wechselnden Standorten)
b) Indirekter Vertrieb
- Absatzhelfer: Handelsvertreter, Kommissionär, Makler, Strukturvertriebe
- Werksgebundener Vertrieb: Vertragshändler, Franchisenehmer
- Absatzmittler (Handel): Großhandel (wholesaling): Waren werden an gewerbliche Wiederverkäufer, Weiterverarbeiter oder gewerbliche Verwender vermarktet; Einzelhandel

Kooperationen im Handel

Kooperationsbereiche:

1) Beschaffungskooperation: zentrale Lager- u. Versandzentren werden gemeinsam genutzt
2) Lagerkooperation: Händler arbeiten auf dem Gebiet des Warentransports zusammen
   1)+2) → Bildung von Einkaufsverbänden (Einkaufskontoren)
3) Absatzkooperation: Zusammenarbeit im Bereich der Werbung, Handelsmarken
4) Datenverarbeitungskooperation/ Controlling: gemeinsames, branchenspezifisches Warenwirtschaftssystem

Unterscheidungsmerkmale für Betriebsformen im stationären Einzelhandel

1) Marktgebiet: regional, überregional
2) Verkaufsfläche
3) Sortimentsstruktur
   a) Sortimentsdimensionen: breit/schmal, tief/flach
   b) Produktarten:
      #1 convenience goods
      - Onkel-Mohammed-Laden
      - Supermarkt
      - Verbrauchermarkt (Verkaufsfläche > 1500m^2
      - Discounter (flaches Sortiment, niedriger Preis)
      - Drogeriemarkt
      - Fachgeschäft für Lebensmittel (Metzgerei)
      #2 shopping goods und #3 speciality goods
      - Boutiquen
      - Fachmarkt (große Geschäfte z.B. Media Markt)
      - Fachgeschäft (Facheinzelhandel, kleine Geschäfte mit tiefem Sortiment, großes Qualitäts-Preis-Niveau, Beratung & Service
4) Service
5) Preisniveau

Sonderformen:

- Fabrikläden (Factory Outlet, FO):
  • Herstellereigene Verkaufsniederlassungen, die sich auf dem Fabrikgelände oder in dessen Nähe befinden
  • Hersteller vermarkten ihre Produkte selbst
  • Wenig aufwendige Geschäftsausstattung: Verkauf von „normaler" Markenware mit erheblich niedrigerem Preisniveau als im Einzelhandel; ebenso saisonversetzte Ware, zweite Qualität, Auslaufmodelle etc.
- Factory Outlet Center (FOC)
  • Räumlich integrierte Zusammenfassung verschiedener Fabrikläden zu einem Einkaufszentrum
  • An verkehrsgünstigen Standorten „auf der grünen Wiese" gelegen
- Shop-in-the-shop („Store in the store")
  • Präsentationsfläche in einem Warenhaus wird an externen Anbieter (Hersteller, Großhändler) vermietet, der in einem "Laden im Laden" bzw. einem „Mini-Laden" innerhalb einer Abteilung des Warenhauses seine Produkte auf Rechnung und im eigenen Namen verkauft

- Kunden nehmen die unterschiedlichen rechtlichen Besitzverhältnisse kaum wahr, Warenhaus wird als ganzheitlich erlebt
- Für die Überlassung der Fläche und die Übernahme des Inkassos (Kassiervorgang) erhält der Handelsbetrieb einen festen Betrag und/oder Umsatzprovision
- Pop-Up-Stores (Guerilla-Stores)
  - Temporär existierende Modeläden in einem oft abgelegenen, heruntergekommenen Gebäude, in denen avantgardistische Modelabels verkauft werden
  - Improvisiert erscheinende Einrichtungen sollen Charakter des „Schnäppchenkaufs" verstärken
  - Image der Verkaufsstätte soll Markenimage (avantgardistisch, gegen den Trend, spontan, etc.) verstärken
  - Kommunikation der Existenz eines Pop-Up-Stores durch word-of-mouth und Internet (→ Viral-Marketing)
  - Zielgruppe sind Marken-Insider
- Off-Price-Stores
  - Auslauf- u. Überschussware von aktuellen Markenartikeln mittlerer und hoher Qualität sowie Markenartikel 2. Wahl werden an verkehrs- u. kostengünstigen Standorten außerhalb der traditionellen Einkaufszonen mit dauerhaft hohen Preisabschlägen verkauft
  - Partievermarktung mit ständig wechselndem Sortiment von Markenartikeln
- Concession-Shop
  - Im Foyer oder anderen Flächen von Filialen eines Anbieters (z.B. Bank) werden Verkaufsflächen für einen anderen Anbieter eingerichtet
  - Nutzung von „toter" Filialfläche und Steigerung der Attraktivität der Filiale
  - Handelt sich meist um Partnerunternehmen, die komplementäre Produkte anbieten

Intermediation und Disintermediation als entgegengesetzte Tendenzen im e-commerce

1) Intermediation (→ Outsourcing)
- Wertschöpfungsketten fallen auseinander
- Konzentration der Anbieter auf einzelne wertschöpfende Aktivitäten (→ Arbeitsteilung)
- Aufbau weniger, aber hoch spezialisierter Fähigkeiten im Rahmen einer wertschöpfenden Aktivität
- Zusammenarbeit vieler Partner
2) Disintermediation (→ Vorwärtsintegration)
- Ausschaltung von Zwischenstufen in der Wertschöpfung
- Koordination verschiedener wertschöpfender Aktivitäten
- Aufbau von Fähigkeiten über die gesamte distributive Wertkette
- Zusammenarbeit mit wenigen Partnern

Chancen und Risiken der Vorwärtsintegration (Disintermediation) eines Herstellers

Chancen:

1) Steigerung der Prozesseffizienz
- Time to Market (Schnittstellen, Informationsfluss etc.)
- Kosteneffizienz der internen Prozesse
2) Stärkere Einflussnahme auf den Markenauftritt am Point of Sale
- Kontrolle von Verkauf und Service
- Kontrolle der Markeninszenierung
- Kontrolle der Warenplatzierung

3) Verbesserung der Preisrealisierung
- Vereinnahmung der Handelsmarge (=Handelsspanne)
- Abverkaufssteuerung
4) Besserer Zugang zum Nachfrager
- Möglichkeit für Experimente/ Sortimentsausdehnung/ Innovation
5) Sicherung/ Ausbau der Verkaufsoberfläche
- Unabhängigkeit vom Handel

Risiken:

1) Investitionsbedarf
- Aufbau der Handelskompetenz (in den Bereichen Personal, Systeme u. Prozesse)
- Standorte
- Ausstattung
2) Strategische Risiken
- Flexibilitätsverlust auf Absatzseite
- Interner Anpassungsbedarf
- Gefährdung der Unternehmensexistenz bei Umsatzrückgang
3) Operative Risiken
- Standortsuche, -miete
- Facility (Gebäude) Management
- Bestandsrisiken (Absatz- u. Preisrisiko gegenüber dem Endnachfrager)

Multi-Channel-Systeme

Gleichzeitiger Einsatz mehrerer Vertriebswege in einem Geschäftsfeld

- Direkter und indirekter Vertrieb
- Mehrere direkte Vertriebswege, z.B. Außendienst und Absatzhelfer
- Hybrid Commerce: Kombination des Internets mit Offline-Vertriebswegen
  - Clicks & Mortar: Internet & stationäres Geschäft
  - Clicks & Sheets: Internet & traditioneller Versandhandel (Katalog)
  - Clicks, Bricks & Sheets: Internet, stationäres Geschäft & traditioneller Versandhandel
- Sind notwendig, wenn keine große Markenpräferenz bzw. –treue besteht

Vorteile:

- Erhöhung der Marktabdeckung (→ Zielgruppen)
- Risikoausgleich (nicht abhängig von Marktmacht eines Einzelhändlers)
- Halten der Multi-Channel-Switcher (→ Vertriebswegepräferenz)
  a) Nachfrager trifft im Internet aufgrund von Informationen eine Vorauswahl und kauft das Produkt nach detaillierter Beratung im Geschäft
  b) Nachfrager lässt sich im Geschäft beraten, aber kauft Produkt im Interner
- Größere Zahl von Kundenkontakten (größere Bekanntheit, Kundenbindung)
- Cross Selling-Potentiale (stationärer Handel kann nicht gesamtes Sortiment präsentieren, sondern hat nur eine Auswahl im Verkaufsraum; im Internet kann das gesamte Sortiment angeboten werden → Affiliate-Marketing)
- Synergien der Vertriebskanäle (abgestimmte Werbemaßnahme auf mehreren Vertriebskanälen → Cross Channel Promotion)

Nachteile:

- Koordination der Kanäle (müssen aufeinander abgestimmt sein, damit keine Inkonsistenzen auf Nachfragerseite entstehen)
  Koordinationsansätze:
    - Isoliert: Vertriebskanäle agieren eigenständig und sind sehr unterschiedlich
    - Dominanz-/ Ergänzungsmodell: Anbieter legt Hauptkanal fest, andere Kanäle sind nur zur Unterstützung (Ergänzungscharakter)
    - Integriert: Kanäle sind aufeinander abgestimmt
- Erhöhung der Marketingkomplexität/ -kosten
- Gefahr eines negativen Erfahrungstransfers (Unzufriedenheit mit Vertriebskanal kann auf Produkt oder andere Vertriebskanäle übertragen werden)
- Kanalsubstitution (langfristig kein zusätzlicher Umsatz, da Nachfrager nur zwischen Kanälen wechselt)
- Einschränkung der Preisdifferenz (mehrere Kanäle führen dazu, dass Preise einheitlich sein müssen)

3.2) Gestaltungsprobleme eines herstellereigenen Vertriebs

Dimensionen der Gestaltungsprobleme

- Geographisch/ organisatorischer Aufbau
- Entlohnung und Motivation der Mitarbeiter im Vertrieb
- Entscheidungskompetenz der Mitarbeiter im Vertrieb

Prinzipal-Agentenbeziehung zwischen Management und Vertrieb

Charakteristika:

- Hidden information
  a) Exogene Unsicherheit: Prinzipal kann auch ex post nicht beurteilen, ob Verkauf auf den Agenten oder andere Einflüsse zurückzuführen ist
  b) Endogene Unsicherheit
    - Shirking: Agent strengt sich nicht an, kann jedoch auch nicht perfekt überwacht werden
    - Fringe benefits: Agent nutzt Ressourcen (z.B. Handy, Auto), die vom Prinzipal zur Verfügung gestellt werden, für private Zwecke
- Spezifische Investition: Prinzipal investiert in Ausbildung des Agenten → Hold-up Situation

Lösungsansätze:

- Sanktionssysteme: monetäre Überwachung durch Kontrollsysteme und zusätzlich z.B. Abmahnungen → Handlungsfreiheiten des Agenten durch vertragliche Vereinbarungen einschränken
  Nachteile: Kosten, eingeengte Flexibilität für Agenten (→ sinkende Motivation), Misstrauen gegenüber Prinzipal
- Motivationssysteme
→ Anreizkompatible Entlohnung
  1) Fixentlohnung (Gehalt unabhängig von Anstrengung, kein Anreiz für Agenten)
  2) Leistungsabhängige, variable Entlohnung (kein Grundgehalt, Lohn richtet sich nach Erfolg (Absatzzahlen, Umsatz, Deckungsbeitrag/Gewinn))

Preiskompetenz des Außendienstes

Pro-Argumente:

- Höhere Motivation durch aufgewertete Stellung (kann z.b. eigenständig Rabatt gewähren)
- Verkäufer kann individuelle Preisbereitschaft des Kunden einschätzen
- Zügiges Verkaufsgespräch (flexible Reaktion)
- Produkt- u. Preisfragen sind oft interdependente (=voneinander abhängige) Probleme

Contra-Argumente:

- Zu große Nachgiebigkeit in Preisverhandlungen
- Entlastung des Verkäufers durch geringere Entscheidungslast
- Vermeidung von preislichen Inkonsistenzen zwischen Kunden/ Segmenten
- Gewinnoptimale Preisentscheidung ist das Ergebnis simultaner Markt-, Kosten-, Kapazitätsanalysen

3.3) Ausgewählte Vertriebskonzepte

3.3.1) Handelsvertreter

- ist im Namen und für Rechnung eines anderen Unternehmens tätig und ist von diesem damit betraut, Geschäfte zu vermitteln und abzuschließen (Hauptpflicht)
- hat alles zu unterlassen, was den Interessen des Unternehmens zuwiderläuft; Konkurrenzverbot; Geheimhaltungspflicht (Nebenpflichten)
- Berichtspflichten (Informationen über geschäftliche Verhältnisse der Kunden an Unternehmer weitergeben; Rechenschaftsabgabe über Tätigkeiten)
- Ambivalente Stellung zum Unternehmen
- Provisionszahlungen für erfolgreiche Vermittlungstätigkeit bei nur geringem/ keinem Fixum
- Ausgleichsanspruch bei Beendigung der Vertragsbeziehung
- Nur geringe Kapitalbindung (Investitionsbedarf); kein Absatz- u. Preisrisiko, aber Provisionsrisiko

Kompetenzen im Außenverhältnis

a) Vermittlungsvertreter
- Vertreter ohne Vertretungsmacht
- Es wird keine Willenserklärung für Unternehmer (Prinzipal) abgegeben
- Abgabe von Angeboten auf Kundenanfragen an den Markt
- Eigenständige Kontaktierung der Kunden
- Recht, unter Verlust der Provision diese Kundenanfragen abzulehnen bzw. bestimmte Kunden nicht zu besuchen
- Nachträgliche Genehmigung eines Vertragsschlusses möglich
b) Abschlussvertreter
- Abgabe einer rechtsgültigen Willenserklärung des Unternehmers
- Kein Verhandlungsrecht mit dem Kunden

Bezirksvertreter: der Vertretungsauftrag wird auf ein bestimmtes Verkaufsgebiet beschränkt; Vertreter erhält in diesem Bezirk auch Provision für Geschäfte, die nicht durch ihn zustande gekommen sind

Einsatz von Reisenden

Vorteile:

- strikte Weisungsgebundenheit und dementsprechend umfangreiche Kontrollerechte des Herstellers
- gute Rückkopplung durch regelmäßige Berichte
- hoher Grad der Identifikation mit Produkt und Unternehmen
- gute Kenntnisse bzgl. des eigenen Produkts/ der eigenen Produkte
- geringer Kostenanstieg mit steigenden Umsätzen

Nachteile:

- Kundenkontakte sind aufs Sortiment des Herstellers beschränkt → geringes akquisitorisches Potential bei Neueinführungen
- Begrenzte Besuchshäufigkeit (da weniger stark auf Provision angewiesen)
- Einsatzbereitschaft und Motivation ggf. problematisch
- Geringe Marktkenntnis (konzentriert auf Sortiment eines Unternehmens)
- Hohes Fixum

Einsatz von Handelsvertretern

Vorteile:

- Vielseitige Kontakte durch breites Sortiment mehrerer Firmen
- Keine Fixkosten
- Hohe persönliche Einsatzbereitschaft, Motivation
- Vermittlung von Markt- u. Brancheninformationen
- Gute und langfristige Beziehungen zu Kunden (hohes akquisitorisches Potential bei Neueinführungen)

Nachteile:

- Qualität und Intensität der Kundenberatung tendenziell eher gering
- Bei steigenden Umsätzen starker Kostenanstieg
- Hohe Abfindung
- Unternehmen hat keinen direkten Kontakt zu Kunden
- -vertritt zumeist mehrere Firmen → geringe Identifikation mit Produkt und Unternehmen

Kostenvergleich: Reisender (R) & Handelsvertreter (H)

a) Gleiche Verkaufsmenge:

$$K_R = F_R + q_R * x$$
$$K_H = F_H + q_H * x$$
$$x = (F_R - F_H)/ q_H - q_R$$

b) Unterschiedliche Verkaufsmenge:

$$D_R = px_R - F_R - q_R x_R - K_f - dx_R$$
$$D_H = px_H - F_H - q_H x_H - K_f - dx_H$$

K = Gesamtkosten
F = Fixum
q = Provisionsrate pro verkaufter Einheit
D = Deckungsbeitrag
p = Verkaufspreis
x = Menge
K_f = Fixkosten
dx = variable Kosten

3.3.2) Franchising

- vertikal-kooperativ organisiertes Absatzsystem rechtlich selbständiger Unternehmen auf Basis eines vertraglichen Dauerschuldverhältnisses
- System tritt am Markt einheitlich auf
- geprägt durch arbeitsteiliges Leistungsprogramm der Systempartner sowie Weisungs- u. Kontrollsystem zur Sicherung eines systemkonformen Verhaltens
- Leistungsprogramm des Franchise-Gebers (Prinzipal) ist das Franchise-Paket bestehend aus Beschaffungs-, Absatz- u. Organisationskonzept, der Gewährung von Schutzrechten, der Ausbildung des F-Nehmers und der Verpflichtung des F-Gebers, den F-Nehmer aktiv und laufend zu unterstützen und das Konzept ständig weiterzuentwickeln
- F-Nehmer ist im eigenen Namen und für eigene Rechnung tätig (aber wirtschaftlich abhängig vom F-Geber); hat das Recht und die Pflicht, das F-Paket gegen Entgelt zu nutzen; als Leistungsbeitrag liefert er Arbeit, Kapital und Informationen

Grundtypen des Franchising

a) Produkt-F. (Sachgüter)
   - Herstellung + Verkauf eines Produkts beim F-Nehmer
   - „Übertragung" von Know-How
   - Anlagen etc. muss F-Nehmer stellen
   - Verkauf erfolgt unter dem Namen des F-Gebers
b) Vertriebs-F.
   - F-Nehmer erhält Waren über Beschaffungskonzept, das vom F-Geber ausgewählt wurde
   - oder F-Geber ist der Hersteller und beliefert den F-Nehmer
c) Dienstleistungs-F.
   - Vgl. a)

Hierarchische Struktur

a) Subordinations-Franchising
- Einseitige „Indienst"-Stellung des F-Nehmers durch F-Geber (= "Systemkopf")
- F-Nehmer (= „verlängerter Arm") müssen Betriebe nach Weisungen und Vorgaben unter Kontrolle des F-Gebers führen
b) Partnerschafts-Franchising
- Gleichberechtigtes Zusammenwirken von F-Geber und F-Nehmer
- Kontrolle durch intrinsische Motivation ersetzt

Auslandsfranchising: inländischer F-Geber (Hersteller o. Dienstleister) überträgt gegen F-Gebühr einem ausländischen F-Nehmer Rechte zur Nutzung eines Marketingkonzepts, das meist durch Beschaffungs- u. Organisationskonzept ergänzt ist (= F-Paket)

Franchise-Vertrag: Elemente & Inhalte

1) Präambel
- Ziele der Partnerschaft
- Skizzierung des Leistungspakets des F-Gebers
2) Pflichten u. Leistungen des F-Gebers
- Übertragung der Marken- u. Kennzeichnungsrechte
- Übertragung des System-Know-Hows
- Gebietsschutz
- Beratungsdienstleistungen

3) Pflichten des F-Nehmers
- Vergütung der Systemleistung
- Verpflichtung zur An-/ Weiterbildung
- Duldung von Kontrollen
- Werbe- u. Verkaufsfördermaßnahmen
- Bezugspflichten
4) Sonstige Bestimmungen
- Vertragsdauer
- Verlängerungsmöglichkeiten
- Kündigung des Vertrags
- Sanktionen
5) F-Handbuch (Manual)
- Details zur Ausgestaltung der Partnerschaft und Maßnahmen zur Einhaltung des Systemstandards

Leistungen & Pflichten

a) F-Geber
- Überlassung von Nutzungsrechten
- Unterstützung bei Planung, Aufbau und Einrichtung des Franchise-Betriebs
- Betriebswirtschaftliche Dienstleitungen/ laufende Beratung, Aus-/Weiterbildung
- Zentrale Werbung, Verkaufsförderung
- Gewährung von Gebietsschutzrechten
- Zentraler Einkauf
- Erhalt und Weiterentwicklung des Systems
b) F-Nehmer
- Gebühren für übertragene Systemleistung
- Unternehmerisches Engagement und Einsatz für das System
- Einhaltung des Systemstandards
- Akzeptierung der Informations- u. Kontrollregeln sowie Weisungsrechten des F-Gebers
- Führung der Geschäfte nach vorgegebenen Richtlinien
- Ausschließlicher Bezug beim F-Geber oder bei den vorgegebenen Quellen

Bewertung von Franchisesystemen

a) Aus Sicht des F-Gebers/ Herstellers
   Vorteile:
- Gute Realisierbarkeit der eigenen Marketingkonzeption
- Schnelle Expansionsmöglichkeiten
- Hoher Distributionsgrad
- Geringes Absatzrisiko (→ fixe Einnahmen)
- Hohe Motivation der F-Nehmer
- Niedrige Distributionskosten
- Geringere Kapitalbindung als bei eigener Filialisierung

   Nachteile:
- Starke Marktstellung erforderlich um System zu etablieren
- Hohe Managementqualifikation der Führung nötig
- Oft Mitbestimmung der Partner
- Aufwendige Kontrolle
- Geringe Flexibilität

b) Aus Sicht des F-Nehmers/ Händlers
Vorteile:
- Risikoabsicherung durch Übernahme eines attraktiven Betriebskonzepts
- Wettbewerbsvorteile durch wirkungsvolle Marketingkonzeption
- Günstige Einkaufsmöglichkeiten/ Bezugsquellen
- Laufende Managementberatung
- Finanzierungshilfen

Nachteile:
- Weitgehende Aufgabe der Dispositionsfreiheit
- Tragen des Absatzrisikos
- Keine situative Anpassungsmöglichkeit
- Zwang zur Standardisierung
- Hohe Arbeitsbelastung

3.3.3) Strukturvertrieb

Orientierung:

a) Verkaufsdimension
- Verkauf in Wohnung/ wohnungsähnlicher Umgebung der Nachfrager
- Konsumgüter, konsumbezogene Dienstleistungen
- Personal selling (Verkaufsgespräch)
- Psychologischer Verkaufsdruck
b) Mitarbeiteranwendungsdimension
- Hierarchische Ketten (Verkäuferpyramide)
- Mitarbeiter genauso wichtig wie Verkäufe
- Mitarbeiter, der neue anwirbt, bekommt Anteil an deren Verkäufen

3.3.4) Key Account (=Schlüsselkunde) Management

Key Account Manager: vertritt gesamtes Sortiment überregional gegenüber Schlüsselkunden

Zielsetzungen:

1) Rationalisierung der Geschäftsbeziehung (Verminderung von TAkosten)
2) Erhöhung der Verhandlungsmacht des Herstellers gegenüber Abnehmern
3) Verhinderung der Konkurrenz verschiedener Vertriebseinheiten
4) Cross Selling Möglichkeiten (Kunden komplementäre Produkte anbieten)
5) Personalisierung der Geschäftsbeziehung (relationship marketing, one-to-one marketing, Pflege der Geschäftsbeziehung)

Aufgaben:

1) Sammlung/ Aufbereitung kundenspezifischer Informationen
- Kundendatenbank
- Absatzstatistiken (Umsatzpotential, Deckungsbeiträge, Lieferanteile)
2) Gestaltung der Geschäftsbeziehung
   a) Strategische Zielplanung der Geschäftsbeziehung und Verkaufsverhandlungen
   b) Planung, Durchführung, Kontrolle von Marketingaktivitäten im vertikalen Marketing
   c) Pflege des Geschäftskontaktes

3) Diplomatenfunktion (Brücke Hersteller – Kunde)
   a) Weitergabe von Kundenwünschen an das Unternehmen
   b) Durchführung und Koordination der Vereinbarungen mit dem Kunden „nach innen"
      (Realisierung der Kundenaufträge)

4) Internet als neues Marktmodell

4.1) Ausprägungsformen des E-Commerce

4.1.1) Begriffsabgrenzungen

- elektronische Medien: neue Informations- u. Kommunikationstechnologien
- E-Business: TA, Geschäftsprozesse u. –beziehungen durchführen
- E-Commerce: Anbahnung, Abwicklung von TA über elektronische Medien (Internet, Infoterminals am Point of Sale (z.B. Fahrkartenautomat), Verkaufskanäle im TV

Internet und Marketing

1) Web 1.0 (wenige Bearbeiter/ Ersteller von Informationen und viele Nutzer; Trennung zwischen Informationsproduzenten und Informationsnutzern; Abruf von Informationen durch das Pull-Prinzip (Nutzer muss Infos selber suchen))
- Websites (Homepage)
  - Textbasierte, visuelle und audiovisuelle Informationsinhalte
  - Keine physischen Speicherplatzprobleme, aber techn. Begrenzung durch Bildschirmseite → Navigationsproblem
  - Problem: Auffinden von Websites aufgrund der „chaotischen Struktur" des Internets → Notwendigkeit der Website-Promotion
  - Selective advertising (Personen identifizieren und Informationen über diese sammeln, danach auf Person zugeschnittene Seiten anbieten)
  - Anreize setzen, um auf Webseiten zu verweilen bzw. sie wieder zu besuchen → Problem: Besuch einer Website kostet Nachfrager Zeit und Übertragungskosten
- Bannerwerbung: Teil der eigenen Homepage für Werbung an andere vermieten
- Affiliate-Marketing (Kooperation von Unternehmen, die sich auf ihren Websites gegenseitig verlinken)
- Suchmaschinen-Marketing: Suchmaschinen erleichtern das Auffinden von Websites
  - On-Page-Optimierung: Suchmaschine durchsucht Websites nach bestimmten Stichworten
  - Off-Page-Optimierung: „Rangplatz" entscheidend
2) Web 2.0
   a) Social Media
      - Online-Foren
      - Weblogs
      - Wikis
      - Podcasts
   b) E-Games
3) Internet-basiertes Fernsehen

Permission Marketing

Ausprägungen

1) Opt-out-Lösung: Nachfrager wird ohne Erlaubnis angesprochen und er muss dem explizit widersprechen
2) Single-opt-in-Lösung: Nachfrager signalisiert dem Anbieter, von ihm Infos erhalten zu wollen (z.B. Eingabe seiner Nutzeradresse)
3) Confirmed-opt-in-Lösung: Bestätigung des Eingang der Nutzeradresse durch Anbieter (Zusendung des Protokolls der Nutzeradresse) → derzeitiger gesetzlicher Standard
4) Double-opt-in-Lösung: wie 3), zusätzlich muss die zugesandte Bestätigung seinerseits vom Nachfrager bestätigt werden

Social Media: persönlich erstellte, auf Interaktion abzielende Beiträge, die in Form von Text, Bild, Video oder Audio über Onlinemedien für einen ausgewählten Adressatenkreis einer virtuellen Gemeinschaft (Social Community, Soziales Netzwerk) oder für die Allgemeinheit veröffentlicht werden, sowie zugrunde liegende und unterstützende Dienste und Technologien des Web 2.0

Electronic Word-of-Mouth (eWOM): Kommunikation von Nachfragern untereinander über die neuen Informations- und Kommunikationstechnologien

Consumer Generated Advertising: von Konsumenten im Web 2.0 erzeugte Informationsinhalte mit werbendem Charakter für Produkte, Marken oder Unternehmen: Spezialfall des User-Generated-Content

Online Community (Social Community): Zusammenschluss von Personen auf einer Plattform im Internet, die ein Netzwerk bilden, um eine Beziehung mit anderen Netzwerkteilnehmern aufzubauen und zu pflegen, um dort gemeinsamen Interessen nachzugehen, themenspezifisch zu kommunizieren, oder zur Erreichung bestimmter Ziele zu kooperieren.

Negative Brand Communities: unzufriedene Kunden/ Konsumenten schaffen eine Anti-Marken-Plattform, oftmals unter Nutzung der Ikonographie (=markenrechtliches Kennzeichen) des Markennamens

Crowdsourcing:

- „Internetgemeinde" liefert freiwillig (Informations-)Beiträge, die aus Sicht des Unternehmens wertvoll sind: intrinsische Motivation der Mitarbeiter
- Ideen, Vorschläge, Bewertungen, Erfahrungen, die für andere Konsumenten und für das Unternehmen interessant sind
- Gemeinsame Problemlösung erarbeiten, z.B. Kunden designen ihre T-Shirts selbst, Kunden bewerten Entwürfe
- Nutzen der „kollektiven Intelligenz"

Weblog:

- web + log → „Internet-Tagebuch"
- regelmäßig aktualisierte Website mit chronologisch sortierten Beiträgen
- Autor ist entweder einzelne Person (Unternehmen) oder Gruppe von Personen
- Inhalte sind i.d.R. mit anderen Websites verlinkt und können unmittelbar durch Leser kommentiert werden

Arten von Corporate Blogs (vom Unternehmen geführt)

1) Innerbetriebliche Kommunikation
- Kompetenz-Blogs (Austausch von Know-How unter Mitarbeitern)
- Meeting-Blogs
- Employee-Blogs
- Executive-Blogs (Alternative zur klassischen Betriebsversammlung)
2) Kundenkommunikation
- Brand-Blogs (Unternehmen schaltet sich als Kommunikator/ Mediator ein)
- Customer Relationship-Blog (Personalisierung der Geschäftsbeziehung)
- Themen-Blogs (bestimmte Themen werden diskutiert)
- Service-Blogs (betreffen z.B. Anleitungen zur Produktanwendung)
- Kampagnen-Blogs (Spezialform zur Werbung)
- Krisen-Blogs (Kunden können Kritik äußern + Unternehmen kann darauf reagieren)
3) Projekt-Blogs (teilweise auch Mitarbeiter aus verschiedenen Unternehmen)

Marketingansätze im Web 2.0

1) Informationsdiffusion: eWOM, kostenlose Werbung durch Nachfrager
2) Zusatzleistungen im Web 1.0: Nachfrager sollen animiert werden, die Website öfter zu besuchen
3) Relationship-Marketing: Förderung des Dialogs mit Kunden
4) Viral-Marketing: „Schneeballeffekt" (Nachfrager sollen Infos über unsere Produkte weitergeben)
5) Informationsgewinnung: Monitoring; Trends, Wertewandel, Wettbewerber erkennen; Netnographie: Versuch Teilnehmer in Netzwerken zu segmentieren
6) Behavioral Targeting: bestimmten Nutzern sollen spezifische Informationsinhalte gegeben werden (selective selling, selective advertising)

eGame-Advertising: Arten

1) Around Game Advertising: Werbebanner bevor das Spiel startet oder in der Ladezeit; oft mit sponsoring kombiniert
2) Ad Games: Spiel ist auf Marke zugeschnitten; Unternehmen/ Marke sind Teile der Spielhandlung
   - Asociated Ad Games: Markenlogo ist im Hintergrund
   - Illustrated Ad Games: Markenlogo deutlich im Vordergrund zu sehen
3) In-Game Advertising: Spiel bietet Präsentationsfläche für Werbung → realitätsnähere Gestaltung; Werbeinhalte können nutzerspezifisch wechseln, wenn Vorinformationen über Spieler bekannt; Spiel mit Abschluss einer TA kombiniert

Mobile Commerce (Mobile Business)

Durchführung des E-Commerce mit mobilen Endgeräten (Mobile Devices): Ortsunabhängiger Zugriff auf die elektronischen Informations- u. Kommunikationsmedien (z.B. Internet, E-Mail) durch den Nachfrager und ortsunabhängige Ansprache des Nachfragers durch den Anbieter in diesen Medien

Besonderheiten:
Lokalisierbarkeit des Nutzers: Location-Based-Services: spezifische, individuelle Produkte/ Informationsangebote, die sich auf die Örtlichkeit beziehen, an der sich der Nachfrager gerade aufhält (Such-/ Not-Situation)
Förderung des Impulskaufverhaltens: Spontankäufe durch die Möglichkeit, sofort Transaktionen abzuschließen bzw. Leerzeiten-Situation

4.1.2) Elektronische Märkte

Merkmale:

- Informationen über TAobjekte und TAbedingungen werden über elektronische Kommunikationsmedien bereit gestellt
- Aushandlung der TAbedingungen bzw. Abgabe von Willenserklärungen über elektronische Kommunikationsmedien
- Lieferung der Produkte über elektronische Kommunikationsmedien (digitale Produkte, z.B. Download; optional)
- Begleichung der Gegenleistung über elektronische Kommunikationsmedien (optional)
- Online-Präsenz der TApartner
  - Informationen über TAobjekte und Rahmenbedingungen der TA fließen über elektronische Kommunikationsmedien (muss zwingend gegeben sein)
    - zeitlich unbegrenzte Erreichbarkeit der TApartner, unabhängig von deren Wohnort
    - schnelles Screening potentieller TApartner
    - schnelle Reproduzierbarkeit und Aktualisierung von Informationen zu sehr niedrigen Kosten
    - individualisierte Anonymität der TApartner
  - Abgabe von Willenserklärungen über elektronische Kommunikationsmedien (optional)
- Einsatz von Software-Agenten (Shop-Bots) als Intermediäre (optional)

Databased Marketing: auf den einzelnen Kunden ausgerichtetes Marketing auf der Basis individueller, in der Kundendatenbank gespeicherter Kundendaten

Databased Site (auf potentiellen Kunden personalisierte Website)

Arten:

1) On stock-Informationen: hat Unternehmen in hoher Zahl zur Verfügung und spielt sie bei Bedarf ein (z.B. Produktinformationen)
2) On delivery-Informationen: Informationen, die in spezifischen Aktionen bereit gestellt werden (z.B. Newsletter)
3) On demand-Informationen: Nutzer wählt Informationen aktiv aus

Preisgabe der Anonymität

Incentives (=Anreize):

a) Preisliche Vorteile: Kundenkartensysteme
b) Zusätzlicher Nutzen (Mehrwert):
- Individuellere Sortimente (Chance für Nachfrager bessere Produkte zu bekommen)
- Schnelleres Navigieren (Einsparung TAkosten)
- Mehrwert durch proprietare services

Cybermediäre (=Intermediäre auf elektronischen Märkten)

Arten:

a) Marktfunktionsbegründende Intermediäre: Bereitstellung der (informations-)technischen Infrastruktur
b) Marktfunktionssichernde Intermediäre: Reduzierung der Marktunvollkommenheiten (z.B. Suchmaschinen)

Arten des E-Business

1) Überbetrieblicher Marktplatz
- Viele Anbieter, viele Nachfrager
- Verhandlungen oder posted price
- Betreiber stellt Infrastruktur zur Verfügung (ist selbst kein Anbieter von Waren/ Dienstleistungen)
- Angebot von Marktunterstützungsleistungen (soll TA erleichtern; z.b. Nachfrager, der Rechnungen nicht bezahlt, bekommt keinen Zutritt mehr)
- Angebot von Koordinationsmechanismen (z.b. Auktionsmechanismus)
2) Betrieblicher Marktplatz
   a) Sell-side-Solution:
- Ein Anbieter, viele Nachfrager
   Elektronische Verkaufsmedien:
   - Telefon (Call Center)
   - Verkaufsautomaten
   - digitale Offline-Medien (z.b. CD, DVD)
   - Fernseher
   - Mobile Commerce
   - Online Medien (Internet)
   b) Buy-side-Solution
- Viele Anbieter, ein Nachfrager (manchmal mehrere Unternehmen zu Beschaffungskooperation zusammengeschlossen)
3) Cooperative Operation (B₂B)
- 1 Anbieter (Zulieferer), 1 Nachfrager (Weiterverarbeiter)
- Zusammenarbeit zwischen spezifischem Anbieter und spezifischem Nachfrager

Business-Web-Typologie

1) Agora (=Marktplatz)
- Selbstorganisierend
- Niedrige Wertschöpfungsintegration
- Anbieter und Nachfrager müssen sich selber finden
- TApartner treffen sich auf Internetplattform, müssen TAbedingungen selber aushandeln
- Überbetrieblicher Marktplatz
2) Alliance
- Selbstorganisierend
- Hohe Wertschöpfungsintegration
- Situations- o. projektspezifisch
- Partnerschaft auf ein Geschäft/ Projekt beschränkt
3) Distributive Network (=Cooperative Operation)
- gemeinsamer Datenstandard (electronic data interchange, EDI)
4) Aggregation
- Hierarchisches Organisationsprinzip
- Niedrige Wertschöpfungsintegration
- Betrieblicher Marktplatz
- Zulassungsbeschränkung
5) Value Chain (Wertschöpfungspartnerschaft)
- Hierarchisches Organisationsprinzip
- Hohe Wertschöpfungsintegration
- Langfristige Partnerschaft
- Ausweitung von 3)
- Kein physisches Treffen → läuft alleine ab

Voraussetzungen für den Erfolg elektronischer Marktplätze

- Netzeffekt: Marktplatz ist umso attraktiver, je mehr Anbieter/ Nachfrager auf anderer Seite stehen
- Back-end-Anbindung: gegeben, wenn Infos ohne Medienbruch ausgetauscht werden können → kompatible Schnittstellen
- Betriebssicherheit: Gewährleistung der Datensicherheit und Stabilität des Systems (→ Zugriff zu jeder Zeit möglich)

4.2) Auswirkungen des E-Commerce auf das Marktmodell

1) Neue Organisationsformen

- Virtuelle Marktplätze
- Business Web Typologie (s. oben)
- Auction-Web/ Powerseller: Verkäufer, die regelmäßig große Auswahl an Produkten auf Internetplattformen zur Auktion anbieten (häufig Makler)

2) Auftritt neuer Akteure

- Disintermediation: Ausschaltung einer Wertschöpfungs-/ Handelsstufe (first-order-Effekt)
- Branchenfremde Anbieter mit Querschnittstechnologien (E-retailer (Anbieter von Waren im Internet))
- Verstärktes Outsourcing (Intermediation): Abgabe von Wertschöpfungsstufen an Spezialisten
- Abnehmende Bedeutung der Betriebsgröße (wichtiger: schnell, weltweit)

3) Stärkung der Nachfrager

- Steigerung der Markttransparenz: relevante Infos sind weltweit zugänglich, wenn sie im Internet stehen → geringere Suchkosten
- Entstehen von Communities (Web 2.0): einfachere Kommunikation unter Nachfragern
- „Kundenkartelle" (Power Shopping): „Beschaffungskooperation" im B_2C; Sammelbestellungen um günstigere Preise zu bekommen

4) Veränderung der Marktbeziehungen

- Erhöhung des Preiswettbewerbs: höhere Markttransparenz + shop bots → höherer Preiswettbewerb
- Individualisierung der Marktbeziehungen: selective selling → Kundendatenbanken

5) Veränderung der Bedeutung der Handelsfunktion

- Auftreten von Spezialisten (z.B. Logistikdienstleister):
  Intermediation im E-Commerce:
  - räumliche Überbrückungsfunktion (Home Delivery-Spezialisten, Digitalisierung)
  - Inkassofunktion
  - Informationsfunktion (Infomediäre, Shop Bots)
  - Sortimentsgestaltungsfunktion

- Reintermediation (second-order-Effekt): Akteure treten auf, die Intransparenz verringern wollen, z.b. Shop Bots (Suchmaschinen, die das Finden von Websites erleichtern); Disintermediation, viele Anbieter und Nachfrager; fragmentiertes Angebot liegt vor; hohe Such- u. TAkosten für Nachfrager um bestimmten Anbieter zu finden

Selective selling: aufgrund kundenindividueller Informationen kann ein individuell auf die Bedürfnisse des Nachfragers zugeschnittenes Angebot, einschließlich der Preissetzung (selective pricing: Preisdifferenzierung 1. Grades) zusammengestellt und kommuniziert werden

4.3) Veränderungen im Marketing durch E-Commerce

E-Commerce im B2C aus Anbietersicht: Potentiale des Internets

- Neuer Kommunikationsweg
➔ Customer equity
- Neuer Vertriebsweg
  - Zusätzlicher Umsatz und Gewinn, Substitution des alten Vertriebsweges durch Internet
- Neue Geschäftsfelder (new economy)
- Weitere Marketinginstrumente
  - Beschleunigung der Produktentwicklung
  - Customization des Angebots (selective selling u. selective pricing)
  - Gewinnung von Kundendaten (Anbieter bietet „content" und möchte Daten als „Tausch")

Fehlende Eignung von Produkten für den Vertrieb über das Internet

Kriterien:

- Touch-and-feel-Produkte: Produkte, die der Nachfrager vor dem Kauf sensorisch prüfen will Lösung: Rückgaberecht für Nachfrager oder großes Vertrauen in Anbieter
- Produkte, die noch einer physischen Bearbeitung durch den Anbieter bedürfen
- Produkte, die unter starker Erlebnisorientierung gekauft werden (Einkaufsatmosphäre)
- Schnelle Verfügbarkeit der Produkte
- Bearbeitungsintensive/ komplexe Produkte
- Produkte, bei denen eine Unsicherheitsreduzierung durch den persönlichen Kontakt mit dem Anbieter erfolgt ➔ Vertrauenseigenschaften

Problemfall der Versorgungsgüter (Customer Direct Service)

Charakteristik:

- Schnelle Verfügbarkeit (kurze Zugriffszeit) erwünscht
- Kleine Wertdimension bei einem Artikel
- Es werden meist mehrere Produkte gleichzeitig bestellt, die heterogen sind und aus großen Sortimenten stammen (Kommissionierung der Ware)
- Besondere Anforderungen in der Logistik (z.B. Kühlung)